LES PÉRÉGRINATIONS

DE

PIERRE LOUIS.

ÉTUDES DE MŒURS COLONIALES.

Deuxième partie.

PAR

VICTOR GRENIER

Prix : 1 franc 25

Typ. P. Garnier, Saint-Denis, (Réunion)

1872.

LES PÉRÉGRINATIONS

DE

PA-PIERRE LOUIS.

(Suite)

Nous étions parvenus dans le récit de cette véridique histoire au point où le citoyen Pa-Pierre Louis, arrivé à la Possession, s'était embarqué sur le petit bateau à vapeur pour se rendre à S.-Denis.

Au moment de quitter la baie de la Possession, le voyageur se mit à contempler cette plage qui fut la première occupée par ceux qui ont fait la découverte de l'île. Etrange vicissitude des destinées des villes ! Ce point insignifiant qui fut appelé la Possession, qui a été long-temps habité par les forbans, dont on a retrouvé plusieurs fois les trésors enfouis sous les pieds de baobabs, ce triste village qu'on désignait, naguère encore, sous le nom de Coquin-Bourg, est peut-être appelé dans un avenir prochain, à de florissantes destinées. Le port et le chemin de fer en feront bien

une ville importante, qui sera le trait d'union en-
tre Saint-Denis et la Pointe des Galets. Alors la
Possession qui fait aujourd'hui partie de la commune de Saint-Paul, deviendra une commune
distincte, malgré les efforts du maire de Saint-
Paul, qui fait, dit-on, déjà tout ce qu'il peut pour
empêcher le démembrement de ses états. Inuti-
les efforts! On ne peut pas lutter contre la force
des choses, et la division des communes est un
progrès voulu par la liberté.

On prétend que l'administration municipale
de Saint-Paul a été choisie dans la ... faveur du
radicalisme colonial, comment se fait-il donc
qu'elle soit opposée à la séparation de la Possession, qui comprendra tout le territoire situé sur
la rive droite de la Rivière des Galets jusqu'à la
Grande Chaloupe, dont la population se compo-
sera des habitants de La Nouvelle, de la Pointe
des Galets, de la Ravine à Marquet, et de tous
ceux qui vivent sur le bord de la mer, et dans les
montagnes depuis la Possession jusqu'à la Grande Chaloupe: sans doute Saint-Paul sera consi-
dérablement amoindri, et le maire de cette commune aujourd'hui trop importante, ne sera plus
que le premier magistrat d'un bourg insignifiant, mais qu'importe l'argent ou l'amour pro-
pre d'un individu, quand il s'agit des intérêts
de toute une population. C'est ce que l'adminis-

tration supérieure de notre île comprendra sans doute, en faisant ériger la Possession en commune séparée, lors que les travaux du port et du chemin de fer auront pris quelque importance dans cette localité.

Cependant le petit bateau à vapeur qui emportait Pa-Pierre Louis prit sa course en longeant la falaise qui s'étend depuis la Possession jusqu'à Saint-Denis. Le voyageur peut contempler avec admiration cet immense entassement de pierres et de rochers qui forment le cap Bernard à l'extrémité nord de la montagne Saint-Denis. C'est cette masse énorme que la compagnie du chemin de fer a entrepris de percer pour passer la voie ferrée; le tunnel mesurera au moins dix kilomètres. Les travaux sont commencés depuis environ deux mois du coté de la Possession, et, d'après ce qu'on peut voir en passant, puisqu'il n'est pas permis de visiter les travaux, le tunnel du coté de l'ouest a déjà atteint une profondeur de vingt à trente métres. A l'est, du côté de Saint-Denis la compagnie utilisera la portion de travaux exécutés sous le gouvernement de M. Hubert-Delisle. Elle a encore beaucoup à faire, sans doute, et l'on se demande quand elle aura fini.

D'aucuns disent qu'elle ne finira pas, que ce

travail gigantesque restera inachevé, pour servir de tombeau à la gloire de M. Lavalley et de ses coopérateurs. Faut-il répéter une semblable énormité ? — Nous la faisons connaître pour donner une idée de l'aveuglement que l'intérêt personnel peut produire sur certains esprits.

Il n'est pas difficile de rencontrer, sur le quai de Saint-Denis, des gens qui nous disent sérieusement : non le chemin de fer dont on vient de voler le tracé après tant de tiraillements au conseil général, le chemin de fer qui est le complément nécessaire et indispensable du port de la Pointe des Galets, qui fera la grandeur et la prospérité de notre île, le chemin de fer ne se fera pas !

Et pourquoi ne se fera-t-il pas ? — Voici la belle réponse que l'on fait : — savez-vous calculer ? — Savez-vous faire des additions et des multiplications ? — Oui, n'est-ce pas ? — Eh bien vous devez comprendre de suite que le chemin de fer ne se fera pas. Le tunnel de Saint-Denis à la Possession coûtera trop cher : les trente-quatre millions garantis par la métropole sont insuffisants. C'est clair si vous savez calculer.

C'est fort bien ! en admettant le raisonnement de ces fortes têtes qui savent si bien calculer, nous devons croire que M. Lavalley qui a dirigé les travaux du percement de l'isthme de Suez et qui se propose actuellement de faire un tunnel sous la Manche pour joindre la France à l'Angleterre, nous devons croire que ses collaborateurs qui ont exécuté les travaux du Mont Cénis, sont tous des farceurs, qui ne savent pas faire des additions, et ont besoin de venir prendre sur le quai du barachois des leçons d'arithmétique de messieurs tels ou tels, que nous nous abstiendrons de nommer. Évidemment ceci dépasse la permission d'être ridicule.

Mais nous dira-t-on, en insistant, si on parvient à faire le tunnel et le chemin de fer, il faudra beaucoup de temps, un nombre considérable d'années pour achever, ces immenses travaux.

A cela nous répondrons que M. Lavalley dont l'autorité et la valeur scientifiques nous paraissent valoir au moins celle de ces messieurs, a promis que tout serait achevé, port et chemin de fer, dans un délai de quatre ans, cinq ans au plus.

Il est facile, en effet, de comprendre que ce

travaux peuvent aller très-vite. Pour le creuse- ment du port, tout le monde admet que la dif- ficulté n'est pas grande ; quant au chemin de fer, on le partagera par tronçons qui seront en- trepris tous à la fois Pour le tunnel, nous voyons ce qui va se passer : les travaux du percement de la falaise seront attaqués par les deux bouts, comme il a été procédé pour le Mont Cenis ; mais dans notre colonie il y aura un avantage qu'on n'avait pas au Mont Cenis, c'est que notre tunnel, suivant la falaise depuis la Possession jusqu'à Saint-Denis, peut être attaqué sur une quantité indéfinie de points: on n'a pour cela qu'à pratiquer, comme on le fait, des regards de cent mètres en cent mètres, et a creuser de manière à se rejoindre d'un regard à l'autre. De cette manière on finira le tunnel de la montagne quand on voudra. Nous pouvons] donc compter que l'en- treprise dont la direction est confiée à M. La- valley s'achèvera, ainsi que nous l'a promis cet illustre ingénieur, qui est venu dans notre colonie pour faire ses affaires sans doute, mais qui n'en mérite pas moins pour cela les sympathies et la reconnaissance du pays.

Le bateau à vapeur après avoir doublé la Pointe des Chiendents, traversa enfin la rade de Saint-Denis et vint accoster le pont en fer du

Barachois, lequel est encore debout pour le moment, mais qui sera probablement patatra au
premier cyclone dont nous éprouverons les at-
teintes dans la colonie. En attendant c'est là que
les voyageurs débarquent en arrivant de la Possession.

Ce malheureux pont du Barachois ! il mérite
une mention particulière dans les annales de la
colonie. Il a coûté des sommes relativement
considérables, — plus de deux cent mille francs,
— ce qui ne l'empêche pas de menacer ruine et
de ressembler à un crabe qui se tient de travers
sur ses pattes. L'escalier ne fonctionne plus ; on
a été obligé de faire disparaître la grue qui était
placée sur le tablier : tout cela va réellement à la
valdrague. A qui la faute ? — Ce n'est certainement pas aux contribuables qui ont parfaitement
payé la compagnie Five Lives pour bien faire.
Notre service des ponts et chaussées chargé de
la surveillance des travaux exécutés par la compagnie, s'est-il parfaitement acquitté de sa mission?
A-t-il été toujours à la hauteur de son man-
dat ? Voilà des questions diablement controver-
sées : M. Gabriel Lahuppe dit oui, et il a peut-
être ses raisons pour cela; mais MM. Sicre de
Fonbrune, Louvart de Pont-le-Voye et la majo-
rité des membres du conseil général disent non;

et ils ont même demandé à faire venir de France un ingénieur capable qui serait mis à la tête
de notre service des ponts et chaussées. Le conseil général a émis plusieurs fois des votes dans
ce sens : on s'étonne que l'ingénieur demandé
n'ait point point encore été servi.

Après avoir débarqué au pont du Barachois,
Pa-Pierre Louis se met à arpenter la rue de Paris, à laquelle les étrangers qui visitent notre
ville se plaisent à rendre le plus légitime hom-
mage. C'est la Cannebierre de l'île de la Réunion;
mais notre enthousiasme ne va pas comme celui
des marseillais jusqu'à nous faire dire que si la
grande capitale de la France avait notre rue de
Paris, elle serait un petit Saint-Denis. Non il ne
faut pas pousser l'exagération jusque là, cependant il faut convenir que notre rue de Paris,
avec ses monuments publics, et ses hôtels par-
ticuliers, ses maisons si gracieusement entou-
rées d'arbres, ses murs couverts de lianes de
toutes couleurs et ses trottoires perfectionnés
par les canaux souterrains exécutés récemment
par l'ingénieur communal monsieur Camille Jacob, — il faut convenir que notre rue de Paris,
avec tous les agréments que nous venons de signaler ne serait pas déplacée dans les plus beaux
quartiers des plus grandes villes de la métropole.

L'entretien de cette rue fait honneur à l'ingénieur communal dont nous venons de citer le
nom. Ce pauvre garçon ! en essayant une ma-
machine nécessaire aux besoins de son service, il
vient d'être victime d'un accident qui pouvait
avoir pour lui les conséquences les plus funes-
tes. Sa main s'est trouvée prise dans une méca-
nique qu'il installait pour broyer du mac-adam.
Pour un peu, on était obligé de lui faire l'ampu-
tation du poignet : il pouvait perdre la main, il
pouvait perdre la vie. Heureusement tout s'est
passé pour le mieux ; il est aujourd'hui guéri,
l'accident dont il a été victime n'a servi qu'à lui
montrer les nombreuses sympathies qu'il inspire
dans toutes la colonie.

La civilisation et la saine philosophie aidant,
on s'habitue peu à peu à penser qu'il y a autant
de gloire à être frappé en exécutant des travaux
utiles, qu'à mourir dans les grandes tueries bêtes
des champs de bataille. Nous avons connu, il y a
quelques années un conducteur de travaux qui
avait perdu un bras en faisant préparer des pierres pour la construction de l'hôpital militaire de
Saint-Denis, l'administration supérieure rendant
justice à ce brave, avait remplacé par la croix
d'honneur le bras qu'il avait perdu; tout le monde trouva que c'était bien fait.

M. Camille Jacob n'a pas perdu sa main, les soins intelligents et dévoués qui lui ont été portés l'ont préservé d'un pareil malheur, il ne sera donc probablement pas décoré pour cette fois, l'administration ayant à s'occuper de quelques maires ou de quelques officiers de milice, ornés de vingt ou trente ans de service plus ou moins gratuits ; cependant il ne devrait pas être nécessaire et indispensable d'être ganache ou estropié pour avoir le droit d'être admis dans les rangs de la légion d'honneur.

Pa-Pierre Louis se mit à monter la rue de Paris jusqu'à l'hôtel de ville. Là il ne fut pas peu surpris de voir sur les maisons et magasins qui font face au plus gracieux monument de la ville, une foule d'affiches plus extraordinaires les unes que les autres. Parmi ces affiches, on en remarquait surtout une d'un goût tout à fait singulier, c'est celle qui annonçait le spectacle du soir : Les Cloches de Corneville. Il y avait à coté de l'affiche proprement dite, une espèce de grand tableau, ou dessin très primitif, qui représentait une des principales scènes de la pièce. On voyait là un bonhomme qui s'efforçait de cacher des écus dans son gilet, et dans le fond apparaissaient des chevaliers et des armures du moyen âge qui faisaient le plus bel effet sur l'imagination de la marmaille et des talingats qui passaient. Oh ! que cela doit être beau à la représentation s'écriait la foule enthousiasmée; le théâtre ne manquera pas d'être plein ce soir !

Mlle Poitevin, la directrice du théâtre de Saint-Denis, a remarqué probablement que pour attirer les paysans, les directeurs des théâtres forains employant avec succès le moyen des images et de la grosse caisse pour annoncer les grrrrandes représentations des pièces jouées par les saltimbanques dans les foires de villages. Mais ces moyens doivent-ils être employés dans la ville de Saint-Denis ? et en face l'hôtel de ville — Cela nous paraît un peu singulier, pour ne pas dire autre chose, et Mademoiselle Poitevin à l'air de traiter vraiment le public de la colonie avec un sans gêne qui mérite à coup sûr quelques respectueuses observations.

Mademoiselle Poitevin a obtenu de la municipalité de Saint-Denis un privilège pour le théâtre de la ville. On lui accorde gratis la jouissance de la salle qui est entretenue par la commune; on accorde en outre à la directrice privilégiée le luminaire, ce qui n'est pas une petite affaire En retour de tous ces avantages et de toutes ces concessions, Mademoiselle Poitevin s'était engagée

à nous conduire une troupe capable de jouer l'o-
péra, et qui resterait à Saint-Denis pendant quatre mois, depuis le premier octobre.

Comment la direction a-t-elle remplie ses obli-
gations vis-à-vis la municipalité de Saint-Denis.
Elle a été chercher en France une troupe d'opéra
c'est vrai, avec un fort ténor et une première
chanteuse, mais elle n'a fait que nous la montrer
en passant. Elle a été conduire cette troupe à
Maurice où elle a joué pendant la belle saison,
pour nous, nous Bourbonnais, nous aurons à
nous étouffer dans notre salle de spectacle pendant les chaleurs de l'été, et il faut remarquer
que Mademoiselle Poitevin qui devait arriver le
premier octobre d'après son engagement, n'est
venue chez nous que le neuf ! Est-ce assez ca-
valier ?

Ce n'est pas tout, et nous n'avons pas fini.
les acteurs devaient rester trois ou quatre mois
chez nous, et ils repartent juste au bout d'un mois,

Ce n'est pas encore tout. Nous n'avons pas la
troupe qui nous avait été promise et qu'on
nous a montrée en passant. Mademoiselle Poi-

tevin a voulu diminuer ses frais ; elle a renvoyé le fort tenor et la première chanteuse. Ce qui reste est encore trop bon pour la colonie de la Réunion et le bon public de Saint-Denis. On ne nous donnera donc pas le grand opéra, nous aurons des opérettes, des pièces égrillardes, où l'on chante des chansons obscènes accompagnées des gestes indécents ! — La fille de Madame Angot, Le Petit Duc, Les Cloches de Corneville etc ! — Et encore, si ces pièces étaient bien montées, si les acteurs connaissaient leur rôle, on pourrait se consoler à demi de ne pas pouvoir y conduire décemment de jeunes personnes, les vieux célibataires y viendraient chercher un remède à l'ennui qui les dévore, mais non ! ce n'est même pas bon à cela, et notre théâtre de Saint-Denis devient une grotesque parade, comme on en rencontre dans les foires de la métropole.

Les souteneurs quand même de la direction du théâtre ont fait courir un bruit à propos duquel il est bon de faire connaître la vérité, au public. On a prétendu, pour excuser Mademoiselle Poitevin que le fort tenor er la forte chanteuse, n'avaient pas voulu renouveler leur engagement pour l'Ile de la Réunion, et qu'après avoir fait la campagne de Maurice, ces deux artistes demandaient pour jouer chez nous des sommes

impossibles et posaient des conditions exorbitan-
tes.

D'abord, on peut demander pourquoi en en-
gageant les deux sujets dont nous parlons, Mademoiselle Poitevin n'a pas stipulé qu'ils joue-
raient à Bourbon après avoir fait la campagne de
Maurice. Est-ce que la directrice n'avait pas pris
des engagements vis-à-vis la municipalité de
Bourbon, aussi bien que vis-a-vis celle de Maurice?

Mais dans tous les cas, le bruit que l'on a fait
courir est complètement faux. Il n'est pas vrai
que le fort tenor et la forte chanteuse aient refuser de jour à Bourbon. Au contraire ces deux
artistes ne demandaient pas mieux que de se faire
connaître sur notre théâtre de Saint-Denis, ils
désiraient ardemment passer quelque temps dans
notre colonie. Ils étaient prets à contracter pour
cela un engagement, même à prix réduit. C'est
ce qu'ils ont déclaré avant de partir, devant des
témoins dignes de foi et que nous pourrions citer. Il y a mieux! avant de s'embarquer sur le pa-
quebot qui les a ramenés en France, ils ont
adressé à plusieurs journaux de la Colonie, une
lettre collective dans laquelle ils font connaître
toute la verité au public. Cette lettre n'a pas été
publiée dans les journaux, pourquoi? — C'est

...llement incroyable. Le Commerce et le Moniteur ont dû recevoir la lettre dont nous parlons,
et ils n'en ont pas soufflé mot ! Ils ont laissé dire dans le public que mademoiselle Poitevin n'a-
vait pas pu, malgré ses plus louables efforts,
conserver le fort ténor et la première chanteuse
dont le concours lui était indispensable pour tenir ses engagements vis-à-vis de la municipalité
de Saint-Denis, et c'est le contraire qui est la
vérité. Le Moniteur et le Commerce le savent
parfaitement bien. Mais ces messieurs n'ont pas
voulu publier une lettre qui aurait fait le plus
grand tort à la Directrice privilégiée du théâtre
de Saint-Denis, ils ont cédé aux prières qui leur
ont été faites. Parbleu ! cela se comprend : service pour service, comme on le dit dans le cours
d'économie politique du Journal du Commerce ;
une main lave l'autre, comme nous l'apprend un
vieux proverbe populaire ? Voilà des raisons suf-
fisantes pour permettre à des journalistes de se
moquer du public en lui cachant la vérité ! Il
faut être de bien comptes, peut-on refuser quelque
chose à une gracieuse directrice qui vous accorde
des droits superbes dans son théâtre ? qui vous
donne vos entrées libres dans ses coulisses, et
qui vous porte gratis, les meilleures places aux
jours de première ! et l'on vous reproche en-
[illegible]
[illegible]

Briel se pavanent un peu plus loin en se donnant des airs penchés ? —

C'est sans doute par les considérations qui précèdent qu'on peut expliquer ces éloges ridicules adressés par certains journalistes de Saint-Denis à une directrice de théâtre qui ne méritait réellement que les éreintements de la presse et les sifflets du parterre. Tout a été trouvé bien, parfait, délicieux ! Mademoiselle Poitevin qui s'était engagée à nous conduire une troupe d'opéra, nous présente une pauvre compagnie d'artistes à peine capables de jouer des opérettes d'un goût douteux — Pour diminuer ses frais, elle se débarrasse du fort ténor et de la première chanteuse. C'est bien! on l'excuse par un mensonge. Elle compose ses chœurs de trois ou quatre négrillons engagés à Maurice, c'est parfait! Voilà une directrice au-dessus du préjugé de couleur ! Pendant qu'elle est en scène, elle fait des pieds de nez par derrière à des jeunes gens qui sont placés sous l'avant-scène, c'est délicieux ! on lui jette des bouquets !

Et quels bouquets, grand Dieu ! autrefois on entendait par ce mot, une poignée de fleurs artistement arrangées, qu'une dame pouvait tenir à

la main; nos dilettanti actuels ont changé cela :
un bouquet se porte dans un vaste panier; c'est
un paquet de manger de cheval venu du Brûlé
ou de Saint-François sur le dos d'un bourriquet.

Il faut espérer que la municipalité de Saint-
Denis qui fournit généreusement et gratuitement
à l'entreprise théâtrale, la salle, le luminaire, le
magasin de musique et le reste, y regardera à
deux fois avant de concéder à l'avenir le privilège
pour le théâtre de Saint-Denis.

Si Mademoiselle Poitevin n'a pas tenu aux pro-
messes qu'elle avait faite à notre municipalité,
si elle a traité de la façon la plus cavalière le Maire et le public de Saint-Denis, il faut reconnaître aussi qu'elle n'a pas exécuté les engagements
qu'elle avait contractés vis-à-vis des artistes qui
l'ont suivie à Bourbon. Cependant son opération
théâtrale n'a pas été complétement ruineuse pour
elle. On prétend qu'elle a expédié de Maurice
une somme de trente-cinq à quarante mille
francs pour être placée en France, en lieu sûr.
C'est une poire pour la soif. A Bourbon où elle
a touché aussi de l'argent, elle a refusé de payer
aux artistes le prix légitime des appointements
qui leur étaient dûs. Ces malheureux ont été
obligés de s'adresser aux tribunaux. Mademoiselle Poitevin a été déclarée en faillite. Elle avait

être appréhendée au corps et logée à l'hôtel Maurice (sic), quand elle s'est enfin décidée à
payer. Tout cela est déplorable, et nous pensons
bien que tout cela suffira pour faire refuser à
Mademoiselle Poinsvin un nouveau privilège thé-
âtral, si elle avait le temps de s'adresser encore
pour cela à l'administration municipale de Saint-
Denis.

Les acteurs qui devaient jouer pendant trois
ou quatre mois à Saint-Denis, ont été obligés de
fermer boutique au bout d'un mois : ils n'étaient
pas payés. On s'attendait à les voir partir par la
dernière quille; force leur a été de rester à St-
Denis pour régler leurs affaires avec la direction.
En attendant, les uns se sont mis à voyager
autour de l'île, les autres ont passé a se mettre
en société, pour donner quelques représentations, et tâcher de gagner ainsi leur existence.

Mademoiselle Darmeuil vient de donner un
concert à Saint-Paul, avec le gracieux concours
de sa sœur et de quelques amateurs de la localité.
Le choix à coup bien heureux, à ce qu'il paraît; il
y avait beaucoup de monde. Le concert a eu lieu
au grand complet de la mairie. Le maire a dû trou-
ver dans cette circonstance une magnifique oc-

sion de développer les grâces charmantes dont
il a été doté par les mains de la prodigue nature. Mais ce qu'il y avait de mieux, oh! oui,
ce qu'il y avait de mieux sans contredit, c'est le
concours du citoyen Gilles Grosse Panse, lequel
est comme on le sait, un artiste très-distingué
sur la clarinette. Nous ne savons pas s'il a joué
de son instrument, mais ce que nous savons c'est
qu'en galant paladin, il a été chercher lui-même
Mademoiselle Dormeuil, qui était descendue à
l'hôtel Vidal. Il l'a conduite gracieusement en
lui donnant le bras. C'était splendide! Ce bon
Gilles Grosse Panse, avec la tournure qu'on sait,
marchait rayonnant d'orgueil et de joie, agrafé
à cette jeune actrice qu'il tenait sous son bras
gauche, pendant que de la main droite il portait
à la hauteur du cœur, un bouquet offert à la
prima-donna. Un petit noir marchait derrière portait la queue de la robe traînante, pendant qu'un
violon galamod ouvrait la marche, une bougie à la
main, pour éviter les faux pas.

La merveille suivait en poussant des cris de
joie, et quand l'illustre couple pénétra dans la
salle du concert, un tonnerre d'applaudissements
se fit entendre, et alla réveiller en sursaut les
paisibles échos du Bamica. Vivat Gilles Grosse
Panse! Vivat la gracieuse chanteuse en nos quartiers! Bravo l'illustrissime Cavaliere! Brava la
Prima-Donna! Bravi, Brava, Bravo, Brravissimo!

Certes, on ne dira pas qu'il y a des préjugés à St-Paul, contre les artistes dramatiques ou lyriques? Voilà un père de famille déjà vieux, et qui a le droit d'être raisonnable et sérieux par la position qu'il occupe dans sa localité, qui ne dédaigne pas de se faire le chevalier-servant d'une femme de théâtre. En quelle qualité, nous demandera-t-on, cet éminent citoyen accepte-t-il un rôle pareil ? — Nous ne savons : il est membre du Conseil général pour l'arrondissement de St-Paul, il est notaire, père de famille appartenant à la meilleure société de sa localité, il est de plus membre du Conseil de fabrique. Ce n'est probablement pas en cette dernière qualité qu'il se fait le conducteur des actrices qui viennent chanter dans des concerts à St-Paul. N'est avis que son Curé ne sera pas fort édifié d'une semblable manifestation artistique. Mais que voulez vous ? Ce bon Gilles est fou des arts et de la poésie : il s'est mis en tête de ressusciter et de compléter les œuvres de Dayot; il a terriblement écrit la Nuit terrible, il est en train de continuer le Bourbon pittoresque de Dayot et de Raffray, il croit qu'il est appelé à être le protecteur des poètes et des artistes. Après tout, faut-il lui faire un crime d'avoir offert le bras à une jolie actrice ? Napoléon 1er se promenait bien dans le foyer de l'Opéra, en donnant le bras à Talma; peut être n'aurait-il pas fait le même honneur à Mlle Georges : il y a là une nuance que nous signalons à l'attention du citoyen Gilles Grosse Panse, en lui déclarant du reste qu'il est parfaitement libre de faire de nos observations, ce que bon lui semble.

Après avoir long-temps médité sur l'affiche du théâtre placardée en face de l'hôtel de ville, le citoyen Pa-Pierre Louis se décide à entrer dans le gracieux palais où trône actuellement le maire de Saint-Denis, notre sympathique docteur Sucre-d'Orge.

L'hôtel de ville de Saint-Denis est un monument qui ne serait pas indigne des plus belles villes de la métropole. Plus tard nous en ferons une description exacte, et nous en ferons ressortir les beautés, aujourd'hui le temps nous presse et nous devons suivre Pa-Pierre Louis qui doit avoir hâte d'arriver au terme de son long et pénible voyage.

Le voyageur entra par la porte de face située dans la rue de Paris, gravit les degrés du palais, traversa le péristyle, et prenant à gauche, parcourut toute la galerie sud du bâtiment au bout de laquelle il vit une foule nombreuse de pauv qui attendaient la distribution des vivres fournis par la commune. Deux conseillers municipaux sont chargés de ce partage qui laisse encore beaucoup à désirer, malgré les nombreuses réformes qu'on vient de faire dans ces derniers temps.

La commune dépensait naguère pour ses indigents la quantité de cent balles de riz par mois. Ce qui fait en argent près de trois mille francs par mois, soit trente-six mille francs par an. C'était une somme relativement énorme, en... réduit cette dépense à soixante balles par mois, c'est encore bien considérable, quand on pense que pour payer cela, on s'adresse surtout à de malheureux contribuables qui auraient certainement besoin d'être secourus eux-mêmes.

La question de l'assistance publique nous semble être bien mal comprise par la municipalité de Saint-Denis. D'abord, il est des abus qu'il est bon de signaler. Ainsi on fournit dit-on des secours en vivres et en argent, à des personnes qui exploitent ce qu'elles reçoivent de la commune...

...lateurs qui pourraient parfaitement gagner leur vie en travaillant. Tous les vieillards de la montagne, et les femmes qui pourraient faire un travail approprié à leurs forces, refusent positivement de faire œuvre de leurs dix doigts, parce qu'ils savent que la commune leur donnera le riz nécessaire à leur subsistance. Vous ne trouverez pas un individu, mâle ou femelle, dans ces localités si peuplées, qui consente à se charger d'un travail insignifiant, comme par exemple la garde d'un poulailler, à condition de recevoir la nourriture, le logement et l'habillement même et les frais médicaux. Pas si bête ! à quoi bon travailler pour son entretien, quand la commune est là pour vous fournir tout ce qu'il vous faut en vous laissant la douce liberté de dormir depuis le matin jusqu'au soir, et depuis le soir jusqu'au matin ! On n'est obligé qu'à une chose, c'est d'aller voter, ou de faire voter pour un protecteur, quand arrive le moment des élections.

Oh ! dit Po-Pierre Louis, en traitant ces questions en présence d'un conseiller municipal chargé de la distribution des secours de la commune ; — comment de pareils abus peuvent-ils se perpétuer, comment ne supprime-t-on pas les trois quarts de ces distributions de vivres ou d'argent qui n'ont réellement pas de raison d'être ?

— Mais répondit un des conseillers chargé de la distribution, vous voulez donc faire crier tout le monde; vous voulez donc provoquer contre nous un concert de malédictions; — vous voulez donc nous faire perdre notre popularité et nous fermer à jamais les portes du Conseil municipal?.

— Est-ce que la Commune ne doit pas secourir ses indigents, ses vieillards et ses infirmes; est-ce qu'il est possible de supprimer le service de l'Assistance publique. — Assurément, non! répartit Pa Pierre-Louis, et je ne parle nullement de supprimer le service de l'Assistance publique, mais je demande qu'il soit fait d'une façon juste et intelligente. Ce qui fait crier les honnêtes gens, ce sont les abus que je vous indiquais : Quant aux réclamations de ceux qui sont intéressés à voir se perpétuer ces abus, parce qu'ils en profitent, vous devez n'en tenir aucun compte, perdez votre popularité s'il le faut, mais faites votre devoir, voilà ce que l'honnêteté exige de vous. Il ne faut pas gaspiller les fonds de la Commune dans l'intérêt de votre candidature à tel ou tel Conseil. Vous parlez du service nécessaire et indispensable de l'Assistance publique, je vais vous dire comment je l'entends.

D'abord, je voudrais que les secours de l'Assistance publique fussent distribués par des personnes honorables et indépendantes, et qui n'auraient rien, mais absolument rien à attendre de ceux qu'elles seraient appelés à secourir. — Où trouvera-t-on me direz vous, ces dispensateurs admirables des bienfaits de la commune ? — Cherchez, vous trouverez ! il y a encore des gens honnêtes et désintéressés dans le monde. — Au pis aller, est-ce que les sœurs de charité ne pourraient pas être chargées de cette grande et généreuse mission ? — Ces saintes femmes n'aspirent pas à l'honneur de représenter leurs concitoyens dans telle ou telle assemblée élective issue du suffrage universel, l'amour du bien est leur seul guide. Cela nous paraît une garantie suffisante en leur faveur. Dans tous les cas, on pourrait les soumettre à un comité de surveillance composé de hauts fonctionnaires, de magistrats et de membres du conseil de commune.

Après avoir choisi les personnes chargées de dépenser les secours de l'assistance publique, il ne resterait plus qu'à s'entendre sur quelques principes. — D'abord si la communauté doit assistance et protection à ses indigents, à ses vieillards et à ses infirmes qui sont réellement les invalides de la société, il faut reconnaître qu'en principe elle ne doit pas faire l'aumône proprement dite. L'aumône dégrade et avilit celui qui reçoit. Une pièce de monnaie jetée par charité à celui qui tend la main, n'est pas un moyen de soulager la misère; il faut recommencer le lendemain. Ce n'est pas ainsi que doit procéder une administration sage. Parmi les indigents d'une commune, il y a plusieurs catégories à établir :

1o Il y a les malades qui ont besoin de soins médicaux, — ceux-là doivent être expédiés à l'hôpital communal, et reçus sans toutes ces formalités impossibles qui font quelquefois qu'un pauvre diable meurt avant d'avoir pu franchir la porte de l'établissement hospitalier où il demandait à être reçu.

2o Il y a les indigents vieux et infirmes qui sont dans l'impossibilité absolue de se livrer à un travail quelconque : ceux-là doivent être dirigés sur un établissement dans le genre de celui de la Providence, où ils doivent être casernés et recevoir les soins que réclame leur état.

3o Il y a les indigents qui peuvent produire encore une somme de travail, capable de leur fournir une partie de leurs besoins, mais insuffisante néanmoins pour assurer toutes les nécessités de leur existence. Il faut venir au secours de ceux-là, dans la limite du nécessaire, en exigeant qu'ils s'aident eux-mêmes en produisant le travail dont ils sont encore capables. Des établissements spéciaux peuvent être créés dans ce but.

4o Enfin, il y a des indigents qui peuvent travailler, qui ont des forces et le courage nécessaire pour cela, mais qui sont tombés dans la misère, à la suite de quelques malheurs indépendants de leur volonté. Il faut venir au secours de ceux-là et les aider à se relever. Mais pas d'aumône pour eux, il faut tout simplement leur prêter ce qui est nécessaire pour les mettre en position de travailler. Quand ils auront amélioré leur position, ils devront rendre à la Communauté ce qui leur aura été prêté, en ajoutant même un modeste intérêt, et le produit de ces restitutions servira à soulager d'autres infortunes.

Tels sont les principes qu'il faut faire prévaloir pour arriver à édicter une bonne loi sur l'assistance publique. Mais cette loi si désirable et si nécessaire doit être la conséquence d'une loi plus grande sur le travail, le vagabondage, la mendicité et l'impôt des patentes

Dans une société bien constituée le travail doit être obligatoire, le vagabondage doit être sévèrement réprimé et la mendicité doit être interdite. Ces dispositions ne sont pas contraires aux principes de la liberté des citoyens. La société a le droit d'imposer le travail à tous ses membres puisqu'elle a le devoir de secourir l'indigence. Mais eu exigeant le travail, il faut le protéger, l'honorer et le rendre possible pour tout le le monde. De la, la nécessité de faire disparaître les mesures qui sont de nature a l'entraver. L'impôt des patentes doit être supprimé au moins, pour ce qui regarde le travailleur et l'industriel.

Pa-Pierre Louis se proposait de continuer le développement de ses idées sur le règlement de l'assistance publique, mais les deux conseillers municipaux auxquels il s'adressait, lui brûlèrent subitement la politesse et le laissèrent seul devant le bureau de la statistique. Ils venaient d'être appelés dans la salle du conseil pour s'occuper du budget. Grave affaire ! il paraît que cette année nos Ediles sont un peu embarassés pour faire équilibrer les dépenses avec les recettes. Cela paraît étonnant, mais c'est ainsi, on dit que nos financiers municipaux sont en train d'en perdre la tête.

Il y a bien de quoi : Le budget des recettes de la Commune de St-Denis monte a une somme respectable qui approche le chiffre de sept cent-cinquante mille francs, et avec cela on ne peut pas payer les dépenses de la Municipalité; on parle d'un déficit de vingt ou vingt-cinq mille francs, il faudra peut-être recourir a un nouvel emprunt, et cependant il y a des villes de France aussi importantes que St-Denis qui trouvent le moyen de faire leurs affaires avec trente ou quarante mille francs. Ces villes sont parfaitement entretenues, la police y est bien faite, les écoles communales marchent a la satisfaction de tout le monde; mais ces villes n'ont pas, comme la capitale de notre Colonie, un Hôtel-de-Ville peuplé d'une armée de fonctionnaires a qui les pauvres contribuables sont obligés de donner la becquée et qui crient depuis le matin jusqu'au soir, pour se faire augmenter leur pitance, depuis le secrétaire particulier de M. le Maire, jusqu'au caporal qui sert de planton au capitaine d'État-Major de la Milice.

Pa-Pierre Louis se décide alors à se présenter au conseil de commune pour voir de quelle manière les choses se passent en cet endroit. Il est utile se dit-il en lui-même que les électeurs soient informés de ce qui se fait dans ce lieu.

Voilà les nouvelles élections qui approchent.
il est bon de faire connaître les moyens et la ca-
pacité des anciens conseillers, pour savoir s'il
faut les renommer. Pa-Pierre Louis se présente
donc à la porte du Conseil, mais M. le secrétaire
de M. le Maire, le prenant par l'épaule, lui dit :
« Mon cher, on ne passe pas ! »

Saint-Denis, le 20 Novembre 1878.

V. C.

(A continuer.

www.ingramcontent.com/pod-product-compliance
Lightning Source LLC
Chambersburg PA
CBHW051359050726

47595CB00006B/2621